FAVO DI MIELE

I

AUTORE:	MATTA EL MESKIN
TITOLO:	L'ASCESI CRISTIANA
TITOLO ORIGINALE:	HĀĞATUNĀ ILĀ AL-MASĪH
ISBN:	978-1-7350713-7-4
COLLANA:	FAVO DI MIELE
TRADUZIONE:	DALL'ARABO A CURA DI MARKOS EL MAKARI
FORMATO:	13,34 X 20,32
PAGINE:	23
IN COPERTINA:	"CRISTO CONDUCE L'ANIMA VERSO LA LUCE" DI LADISLAV ZÁBORSKÝ
GRAFICO DI COPERTINA:	DAVID GEORGY

MONASTERO DI SAN MACARIO IL GRANDE (EGITTO)
P.O. BOX 2780
IL CAIRO - EGITTO
EMAIL: INFO@SANMACARIOEDIZIONI.COM

13303 SCOTCH RUN CT
CENTREVILL'E, VA 20120-6428
UNITED STATES OF AMERICA

Matta el Meskin

Cristo basta

INTRODUZIONE

Nel 1975, durante la Quaresima, padre Matta el Meskin tenne un'omelia ai monaci del Monastero di San Macario alla vigilia della domenica del figlio prodigo. L'idea principale della sua omelia era estremamente semplice ma al contempo potente: Cristo è l'unico nostro vero bisogno. Padre Matta voleva dire con parole essenziali quanto sia fondamentale per noi la centralità di Cristo nella nostra vita e come tutti i nostri problemi, sia personali che interpersonali, siano causati dalla mancanza del nostro vivere alla sua presenza divina.

Quando Cristo appare nella nostra vita, accadono miracoli, poiché egli è capace di conciliare le debolezze umane con le realtà spirituali, essendo al contempo vero Dio e vero uomo e l'unico mediatore tra la sfera divina e quella umana.

Molto spesso come cristiani dovremmo solo aspettare la manifestazione di Cristo nella nostra vita poiché offre una preziosa opportunità per le persone intorno a noi di credere in lui e ottenere la salvezza e la vita eterna. In effetti, il motivo per cui le persone intorno a noi disapprovano il nostro stile di vita come cristiani non è Cristo stesso ma l'assenza della sua persona nelle nostre parole e nelle nostre azioni. È lui a dare sapore a tutto ciò che diciamo e facciamo!

Tuttavia, solo Cristo possiede la capacità di manifestarsi dal momento che possiede una statura irraggiungibile da parte nostra, che è apice di tutto ciò che esiste sia in cielo che in terra. Abbiamo un estremo bisogno di andargli incontro, accoglierlo in noi e, in seguito, permettergli di comunicare e operare attraverso di noi.

È tempo di ricentrare la nostra esistenza su Cristo non confidando sulle nostre capacità personali, sui nostri valori, le aspirazioni, gli egoismi, le malevolenze o I desideri di un superficiale riconoscimento mondano, che siamo bravi a mascherare sotto le sembianze di Cristo. Così facendo, ostacoliamo il nostro cammino verso Dio anteponendo il nostro ego al nostro amore per

Cristo. Spesso tendiamo a nascondere il Cristo autentico al mondo, perché ci percepiamo come moralmente retti e trascuriamo di accettare la croce di Cristo che è il fondamento della sua opera dentro di noi.

Siamo chiamati oggi a incarnare il versetto paolino che afferma: "Noi infatti non annunciamo noi stessi, ma Cristo Gesù Signore: quanto a noi, siamo i vostri servitori a causa di Gesù" (2Cor 4,5). Dobbiamo liberarci delle nostre tendenze egocentriche e adottare, invece, una prospettiva cristocentrica, dando la priorità al nostro io spirituale rispetto alle nostre identità temporali.

Sì, abbiamo un disperato bisogno di Cristo!

***

San Macario Edizioni è lieta di inaugurare una nuova collana intitolata "Favo di miele". Dopo tanti anni trascorsi a leggere e contemplare gli scritti di padre Matta el Meskin crediamo che il versetto migliore per descrivere le sue parole sia: "Le belle parole sono come favi di miele" (Pr 16,24).

Per questo la collana offrirà testi concisi da assaporare e digerire lentamente per nutrire la nostra vita spirituale. Queste perle fungeranno da pillole spirituali per rinvigorire il nostro amore per Cristo e il nostro desiderio di servire lui, i fratelli e le sorelle.

L'ESPERIENZA CHE MI HA SEMPRE maggiormente colpito, sin dai primi anni della mia vita cristiana, consiste nel divenire, ogniqualvolta avverta il bisogno di sopperire a una qualche carenza nelle mie relazioni con gli altri, con la chiesa o con i monaci, talmente addolorato e amareggiato da far svigorire tutta la mia energia, il mio ministero e la mia influenza sugli altri. Eppure, non appena mi appresso alla persona di Gesù, mio Signore, e ne percepisco la presenza, quasi come se sopraggiungesse da un luogo remoto in seguito a un'assenza della cui durata io solo sono la causa, il mio cuore sobbalza di gioia e la mia mente si raccoglie d'un sol colpo. Le mie tante esigenze, la mia indigenza e le mie lacune svaniscono e all'orizzonte di tutta la mia vita si staglia Cristo. È allora che sento che lui è molto più di tutto ciò di cui io ho bisogno e che la sua pienezza dirompente travolge la mia vita con il suo amore, mentre io mi abbandono a lui in una maniera ineffabile.

La medesima dinamica, con pari intensità, mi si presenta ogniqualvolta sono angosciato da tutta una serie di pensieri sulla dedizione e sulla Provvidenza che Dio mostra per singoli individui o per l'umanità in generale. Dentro di me sento una profonda angoscia, fino quasi a soffocare. Ho sempre desiderato, infatti, vedere la superiorità di Dio in ogni cosa: ora nella misericordia, ora nella giustizia e nella correzione, ora ancora nella tenera paternità, nella sovranità e nella ricompensa. In questi momenti, sono lacerato da sentimenti contrastanti che non mi danno tregua. Eppure, non appena lo sento avvicinarsi, l'anima mia si placa d'incanto, gli interrogativi e le preoccupazioni svaniscono nel nulla e Cristo appare trascendere tutti i parametri umani con cui misuriamo la misericordia, la giustizia, la paternità, la sovranità. Ed è proprio in questi momenti che Cristo spesso ci svela il mistero della sua volontà.

Attraverso questa doppia esperienza, ho acquisito la certezza che Cristo è l'unica reale esigenza della nostra vita e quanto più ci allontaniamo da lui tanto più i nostri bisogni terreni si dilatano, insieme alle nostre preoccupazioni rispetto a questioni particolari o generali che riguardano la nostra vita.

Perché, dunque, la persona di Cristo appare così, come pienezza di tutte le cose?

Esiste un'unica risposta a questa domanda ed è che l'umanità riunisce in sé due mondi opposti: il mondo materiale e quello spirituale. Ciò potrebbe apparire come una ricchezza insita nella natura umana. Eppure, il prezzo di tale apparente risorsa è carissimo. Dentro l'essere umano, a tutti gli ideali che appartengono al mondo spirituale, fa da contrasto una realtà materiale depauperata che, nel corso della nostra vita, può degenerare in atti di estrema bassezza e abiezione. Noi siamo capaci di uccidere nostro fratello per un tozzo di pane o di vendere la nostra eredità celeste per una manciata di lenticchie (cf. Gn 25,33).

La storia della civiltà umana, della filosofia e delle scienze mostra come tale tensione e tale lacerazione tra ideali dello spirito e realtà della corporalità, all'interno dell'essere umano, non possano essere risolte in maniera naturale né attraverso la ragione, né attraverso la sapienza umana, né raffinando le proprie abilità, né obbedendo ai comandamenti divini e neanche prendendosi a bastonate! Non appena, infatti, il vento delle passioni inizia a soffiare, noi ci ribelliamo a tutti i valori spirituali e veniamo colpiti da una cecità spirituale momentanea, che ci spinge a compiere le trasgressioni più atroci, persino contro noi stessi.

Qui appare Cristo, con la sua perfetta umanità e la sua perfetta divinità, come il grande mistero che ha riconciliato l'intera realtà umana – gli istinti, le emozioni, il nostro scontrarci con gli altri e con il tempo, le sue esigenze, le sue lacune, i suoi insuccessi personali – con gli ideali spirituali, o meglio con Dio stesso. Una conciliazione, questa, perfetta ed eterna, profondamente radicata negli abissi dell'animo umano perché tutto ciò che appartiene a Cristo è divenuto patrimonio dell'umanità.

Cristo è, al contempo, il mistero dell'uomo e il mistero di Dio: dell'uomo, nel suo giungere fin negli abissi della natura di Dio; di Dio, nel suo penetrare nelle profondità della natura umana. Per poterci addentrare nella luce di questo mistero dobbiamo comprendere che tale riconciliazione non si basa su teorie, per quanto complesse possano essere, né sulla mera realizzazione di una serie di comandamenti. Quella compiuta da Cristo è una rappacificazione personale, realizzatasi in Cristo stesso, non già con le nostre potenzialità, ma con le sue proprie. Il risultato di tale riconciliazione sorpassa la comprensione umana. Basti considerare che, non appena essa trovò il suo compimento nell'incarnazione e nella crocifissione di Cristo, l'umanità fu inglobata nella persona di Gesù che la rappresenta presso Dio Padre.

Noi ci siamo riconciliati con noi stessi in quanto Dio si è riconciliato nel corpo della nostra umanità che è di Cristo il quale lo ha preso da noi. Per tale ragione possiamo dire, con piena fiducia e in estrema sintesi, che ci siamo riconciliati con Dio in Cristo. Tale rappacificazione è estremamente personale. Si tratta dell'intermediazione irripetibile che quest'unico intermediario, Cristo, ha compiuto tra Dio e gli uomini, dalla quale una nuova forza è penetrata nel mondo invadendo le sfere celesti stesse.

Ora, le forme minori e più fragili del nostro essere cristiani sono rappresentate dai nostri tentativi fallimentari di applicare i comandamenti di Gesù Cristo ai nostri problemi quotidiani, senza il Signore Gesù stesso. Al contrario, la forma più potente del nostro essere cristiani appare quando la persona di Cristo stessa entra nella nostra vita: allora, i nostri problemi scompaiono di colpo e, istantaneamente, diventiamo all'altezza dei comandamenti di Gesù senza dover profondere alcuna bravura personale.

L'amarezza lacerante che il cristiano prova dentro di sé quando, quotidianamente, si trova a scontrarsi con l'impossibilità di realizzare i comandamenti di Cristo, malgrado l'amore che egli ha per loro, è il frutto del tentativo di realizzare i comandamenti di Cristo senza Cristo. Il che è impossibile. Cristo ci ha donato i suoi comandamenti affinché, attraverso di essi, noi sperimentassimo la sua esistenza: "Esaminate voi stessi [...] Non riconoscete voi stessi che Gesù Cristo è in voi? A meno che non siate riprovati" (2Cor 13,5). Perciò dice il Signore: "Chi mi ama osserva i miei comandamenti" (Gv 14,21), nel senso che chi ama Cristo è colui il quale riesce a realizzare i Suoi comandamenti. La persona di Cristo innanzitutto, dunque. Soltanto in seguito, viene tutto ciò che appartiene a Cristo.

Dal cristiano si esige, in ogni momento, che annunci il suo essere cristiano sia al non cristiano che al cristiano. Questa insistente esigenza lo costringe in una tensione continua, perché deve sempre essere all'altezza della verità, perché possa vederla e rivelarla ed agire in accordo con la fede, prima di poterla proclamare. Altrimenti egli diventa un'onta per se stesso e per il suo Cristo.

Ma chi può rivelare Cristo, la cui statura nessuno può raggiungere, egli che è la vetta di tutto ciò che esiste nel cielo e sulla terra, ricapitolando in sé ogni cosa? Egli è l'immagine visibile del Dio invisibile. Chi può dunque annunciarlo o descriverlo? La mente umana forse? Impossibile. Eloquenza e logica? Impossibile. Cristo solamente è in grado di rivelare se stesso. Ogniqualvolta lo sento avvicinarsi, depongo le mie armi, o piuttosto sono esse a cadere da sole. Egli soltanto è la bocca della mia verità e della mia fede: egli parla attraverso di me. Quand'anche non parlasse in me, egli è capace di rivelarsi in innumerevoli modi, in maniera misteriosa e ineffabile perché la persona di Cristo è potenza infinita che si rivela a noi senza che compiamo alcuno sforzo. Piuttosto, è proprio lo sforzo umano a rappresentare spesso un grande ostacolo alla rivelazione di Cristo. Ciò di cui abbiamo veramente bisogno è, semplicemente, sentirlo sopraggiungere dentro di noi, accoglierlo con tutto il nostro essere per poi lasciarlo parlare e operare in noi.

L'atteggiamento critico delle persone rispetto al nostro essere cristiani non riguarda Cristo, ma l'assenza di Cristo nella nostra vita cristiana. Se Cristo fosse presente con la sua divinità nella nostra vita, nessuno obietterebbe della divinità di Cristo. Le persone inciampano in Cristo, perché noi mettiamo Cristo sullo stesso piano degli altri bisogni: l'adoprarsi per guadagnarci da vivere, lo svago, il divertimento, la conoscenza o la politica. Di conseguenza, Cristo che è in noi appare infinitamente più piccolo rispetto alla sua reale statura. Se Cristo è Dio, allora egli deve essere più elevato e più grande di ogni altra cosa della nostra vita, più in alto ancora della nostra stessa vita.

C'è impellente bisogno che il nostro essere cristiani sia centrato su Cristo stesso e non sui nostri principi, le nostre ambizioni, il nostro orgoglio, la nostra malizia, il nostro desiderio smodato di apparire, di ricevere onori e glorie vane, dietro ai quali nascondiamo il nome di Gesù. Le persone non odiano Cristo. Cristo è amato. Egli è davvero "Figlio dell'amore" (cf. Col 1,13). Anzi egli è l'amore stesso, in tutta la sua profondità, al quale aspira ogni essere umano.

Ciò che le persone detestano sono i nostri comportamenti, il nostro modo di agire e le false qualità che, in maniera menzognera e ipocrita, abbiamo forgiato in nome di Cristo. Lo scarto che esiste tra l'essere cristiani e Cristo è, oggi più che mai, eclatante divenendo la fonte stessa delle critiche a noi rivolte. Proprio perché le nostre azioni e le nostre parole restano soltanto 'cristiane' senza procedere da Cristo, esse mancano dello Spirito di Cristo e della sua fragranza (cf. 2Cor 2,15). Non meravigliamoci, dunque, se il nostro essere cristiani non piace.

Abbiamo impellente bisogno di dirigerci nuovamente verso la persona di Cristo affinché egli si manifesti nelle nostre vite. Allora si compirà in noi una rinascita sincera nella quale le nostre ipocrisie saranno spazzate vie e appariranno le vere opere di Cristo le quali sanno testimoniare di lui senza l'intervento delle nostre trovate mortali. Le persone devono andare verso Cristo stesso e non verso delle persone deboli come noi. Riusciamo ad accettare ciò? Il grande ostacolo che blocca il nostro cammino verso Cristo è che ci aggrappiamo al nostro ego e non a Cristo. Ed ecco che nei momenti di pericolo e stanchezza, ad apparire è il nostro ego e non Cristo.

Ciò che è più pericoloso in tutta questa aberrazione è che ci sembriamo perfetti. Per questo non sentiamo l'esigenza di disfarci di noi stessi, per aggrapparci a Cristo. Il vero Cristo resta, dunque, nascosto agli occhi e alle orecchie della gente. E anche quando noi stessi ci sembriamo, talvolta, insignificanti, falsi, ipocriti e in errore, proclamando un Cristo che non è in noi, non riusciamo a essere causa di cambiamento, perché non abbiamo il coraggio di correre il rischio di morire a noi stessi, affinché Cristo ci risusciti nuovamente per lui. L'ego che cerca la sua propria gloria si diletta nei piaceri e nelle consolazioni di questo mondo. Quando poi si riveste di un'apparenza cristiana questa gloria apparentemente di luce è, in realtà, fasulla e può essere smascherata soltanto da chi possiede la vera luce di Cristo. Quand'è che crederemo al versetto che dice: "Noi, infatti, non predichiamo noi stessi, ma Cristo Gesù, il Signore, e siamo vostri servi per amore di Gesù"? (2Cor 4,5).

Quanti uomini di chiesa e predicatori mostrano nient'altro che il loro ego nascosto dietro gli insegnamenti di Cristo. Così facendo, fanno sì che gli altri trovino motivo di scandalo in Cristo e, tuttavia, a essere infamati e discreditati non sono loro ma la fievole presenza di Cristo in loro. Chi testimonia di Cristo deve necessariamente ricevere da Cristo per dare agli altri. Questo è lo spirito genuino e il senso della testimonianza che si compiono attraverso lo Spirito Santo il quale conosce tutto ciò che è di Cristo e desidera ardentemente testimoniare di lui in noi in maniera consona. Ma quante volte abbiamo rattristato lo Spirito Santo (cf. Ef 4:30) e gli abbiamo impedito di testimoniare mettendo la testimonianza di Cristo al servizio delle nostre glorie personali e dei nostri propri interessi? Abbiamo un impellente bisogno di liberarci del nostro ego. Siamo pronti a far questo?

Quale lettore della vita di Cristo non prova nell'intimità del suo animo che Cristo è l'immagine più bella e più limpida di Dio? Se Dio è come Cristo, allora Dio è veramente un Dio amico degli uomini, un Padre tenero e infinitamente potente: "Chi ha visto me, ha visto il Padre" (Gv 14,9).

L'umanità continuerà ad essere infelice finché non troverà Dio e non troverà Dio se non in Cristo. Bisogna che nelle nostre vite Cristo abbia un'occasione per mostrare questa sua potenza eterna e la sua divinità, affinché le persone credano che egli è veramente Figlio di Dio, in lui abbiano salvezza e vita eterna e in lui vedano realmente il Padre. Ma siamo noi stessi a porre ostacoli alla fede in Cristo, premettendo il nostro ego al vero Cristo. E così, la nostra umanità è glorificata a spese della sua divinità.

L'opera redentrice di Cristo consiste, in ultima analisi, nel divenire come lui, avere i suoi modi e le sue qualità, una volta che egli stesso ha colmato la nostra vita, regnando su di noi, non attraverso il semplice ammaestramento, né attraverso l'insegna-mento, bensì, come dice l'Apostolo

Paolo "perché Cristo abiti nei vostri cuori per mezzo della fede" (Ef 3,17).

Quando le persone porteranno in loro stessi Cristo, rivestiti pertanto dei suoi modi e delle sue qualità, ciò significherà che l'umanità ha superato se stessa, andando oltre tutta la sua impotenza, la sua infermità e la sua morte, ed entrando nella sua fase gloriosa che non ha nulla a che vedere con la sua eredità terrena mortale. Tale è la nuova creazione dell'uomo: la potenza divina di Cristo consiste nel fatto che egli ci eleva al di sopra di noi stessi, così che possiamo superare la nostra impotenza ed entrare, attraverso la potenza e la vita efficace di Cristo, nel campo dell'azione e della libertà divine. Allora noi risponderemo liberamente, coscientemente e gioiosamente al richiamo di Dio e a tutte le ispirazioni che da lui provengono senza negligenza e senza indugio alcuno. Questo è l'avvenire dell'uomo nuovo in Cristo e questa è la sua seconda nascita. È per questo che Cristo è stato definito, a ragione, il secondo Adamo. Come, dunque, nascere a Dio senza Cristo? Impossibile.

Non dimentichiamoci che è sulla Croce che Cristo ha fondato la sua opera negli uomini. Sebbene la Croce sia presente, in primo luogo, nella vita di Cristo quale atto redentivo, è tuttavia anche stata consegnata a noi quale modello di vita e di condotta. Colui il quale non vive e non pensa secondo il principio della Croce non comprenderà mai la grandezza che Cristo raggiunse attraverso la Croce, né capirà e apprezzerà il vero senso della redenzione. Ma se sperimentiamo la Croce nella nostra vita, gustandola coscientemente e con gioia, allora quello sarà il portale mistico che ci introdurrà alla conoscenza di Cristo e della sua infinita e straordinaria potenza verso di noi. Attraverso la comunione alle sofferenze della Croce entriamo, insieme a Cristo, in un'alleanza eterna, eredi di tutta la gloria e la consolazione del Padre celeste.

Che meraviglia è il mistero di Cristo! Che meraviglia è il mistero dell'uomo in Cristo!

L'ascesi cristiana

MATTA EL MESKIN

Il cristianesimo è trasformazione interiore. Questa trasformazione è chiamata "ascesi". L'ascesi è di solito descritta come una dura lotta spirituale con il proprio ego. Tuttavia anche se conosciamo alcune pratiche tipiche dell'ascesi (pentimento, digiuno ecc.), tendiamo a ignorarne le vere motivazioni e gli obiettivi evangelici, tanto che a volte o mettiamo in dubbio il fondamento biblico dell'ascesi o finiamo per praticarla come fine a se stessa. Padre Matta el Meskin, monaco copto ortodosso e grande padre del deserto contemporaneo che ha vissuto con intensità l'ascesi per più di sessant'anni, cerca di chiarire il senso cristiano profondo della lotta ascetica affinché essa sia davvero capace di trasformare e di rinnovare. Ciò che emerge da questo libro è che ogni cristiano è chiamato a essere asceta, che non c'è ascesi cristiana senza Gesù Cristo e la potenza dello Spirito Santo vivificante e che l'ascesi, restando solo uno strumento, ha come fine ultimo sempre l'unione con Dio, mediante Gesù Cristo, per comunicare alla sua Vita.

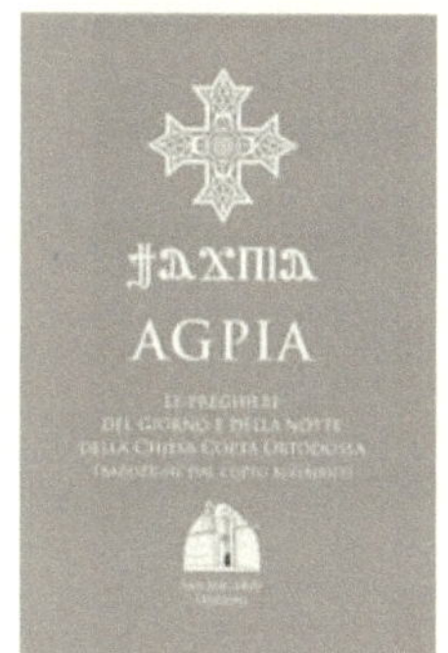

ϯⲁⲭⲡⲓⲁ - Agpia

LE PREGHIERE DEL GIORNO E DELLA NOTTE DELLA CHIESA COPTA ORTODOSSA

L'Agpia è il testo della Liturgia delle ore della Chiesa Copta Ortodossa. Questa pubblicazione offre, per la prima volta, una traduzione integrale delle preghiere dal copto bohairico, ivi compresi tutti i salmi e le pericopi evangeliche. Auspichiamo che questa traduzione possa non soltanto arricchire la preghiera dei fedeli copti ortodossi in Italia, ma anche aiutare loro e altri cristiani a conoscere meglio l'eredità e la ricchezza della liturgia della Chiesa di Alessandria.

Il libro è disponibile in tre formati: tascabile, formato maxi e copertina rigida.

www.ingramcontent.com/pod-product-compliance
Lightning Source LLC
LaVergne TN
LVHW050951080826
845145LV00004B/1466

* 9 7 8 1 7 3 5 0 7 1 3 7 4 *